AF410973

L'HOTEL-DE-VILLE

D'AMIENS.

L'Hôtel-de-Ville d'Amiens & ses abords.

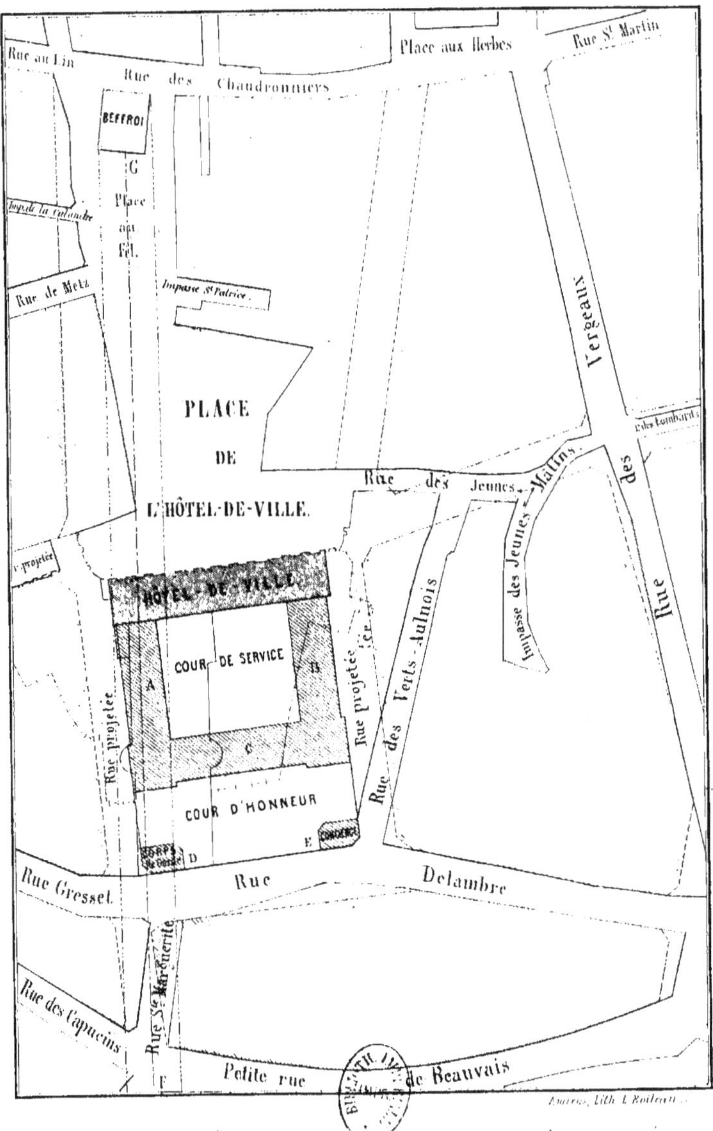

A B C D E — Projet d'agrandissement et de dégagement dressé en conformité de la délibération municipale du 1er Juin 1855

F G — Axe de la rue qui pourrait servir de base à un nouveau projet d'Hôtel de Ville avec Place en avant de l'édifice.

Limite du terrain appartenant à la Ville.

Les lignes hachées indiquent les nouveaux alignements du projet adopté par la ville.

L'HOTEL-DE-VILLE

D'AMIENS.

Projet d'agrandissement et de dégagement.

Observations soumises au Corps municipal

PAR

ÉDOUARD PARIS.

Fais ce que dois,
Advienne que pourra !

Extrait du Journal le **Commerce de la Somme,**
Janvier et Février 1855.

AMIENS,
ALFRED CARON, IMPRIMEUR-LIBRAIRE,
Rue des Trois-Cailloux, 54.

AVRIL 1855.

Au

Corps Municipal

DE LA

Ville d'Amiens.

L'HOTEL-DE-VILLE

D'AMIENS.

Projet d'agrandissement et de dégagement.

CE QU'IL Y AURAIT A FAIRE.

Extrait du Journal le **Commerce de la Somme**,
Janvier et Février 1855.

Fais ce que dois ,
Advienne que pourra !

Les projets qu'élabore notre Édilité amiénoise au
sujet de l'AGRANDISSEMENT et de l'ISOLEMENT DE
L'HOTEL DE-VILLE, ont, à plusieurs reprises, fixé
l'attention publique. Cette question est, en effet, une
affaire de la plus haute gravité pour Amiens. Aussi ,
pour arriver à la solution la plus conforme aux besoins du présent, aux exigences de l'avenir , chacun
de ses enfants doit-il regarder comme un devoir
d'y apporter le contingent de ses lumières, si modeste qu'il soit. Je n'hésite donc pas à livrer à la publicité les observations qui vont suivre et qui me sont
inspirées par un profond attachement à tout ce qui

But de la pré-
sente publica-
tion.

touche à l'utilité, aux intérêts, à la gloire de notre Ville natale. Puissent-elles porter le fruit que je désire!

Et d'abord, rappelons quelques dates historiques qui, je me plais à l'espérer, ne paraîtront point ici hors de propos.

La pose de la première pierre de l'Hôtel-de-Ville remonte à plus de trois cents ans. Commencé en 1550, ce monument n'a été terminé que vers l'année 1600, époque à laquelle le Corps-de-Ville y fit son entrée.

Cent-cinquante ans plus tard, en 1756, une restauration générale mit les choses dans l'état où nous les voyons. C'est alors que furent construits les deux pavillons d'angle destinés à agrandir l'édifice dont l'insuffisance se faisait déjà sentir.

Cette exiguité, sensible il y a un siècle, n'a fait que s'accroître à mesure que les nécessités administratives ont augmenté, et chacun appelait de ses vœux le moment où l'état de nos finances permettrait de donner à la Maison commune les proportions et le caractère monumental qui malheureusement lui ont toujours fait défaut.

Les puissantes et irréfutables raisons publiées, en février 1853, par le journal *le Commerce de la Somme*, pour prouver la nécessité de remédier à un tel état de choses, n'ont que plus de force aujourd'hui. Les considérations que l'Administration elle-même a fait valoir à cet égard sont d'ailleurs concluantes. Aussi, me dispenserai-je d'y revenir : tout le monde est d'accord sur ce point.

Mais il fallait une occasion favorable pour permettre de réaliser une amélioration dont personne ne méconnaît l'urgence. L'obligation d'abandonner la Halle foraine qui tombe en ruine, a fourni

cette occasion que le Conseil municipal a saisie avec
un empressement dont on ne saurait trop le féliciter
(délibération du 13 novembre 1852).

En apprenant qu'il était sérieusement question de
donner suite au projet de compléter et d'isoler l'Hôtel-
de-Ville, nous avons tous applaudi à l'idée d'avoir enfin un édifice digne d'une ville de l'importance
d'Amiens.

Plusieurs avant-projets ont été présentés au Conseil. Tout en donnant aux constructions un accroissement considérable, ils restreignaient toutefois la
longueur du bâtiment actuel de manière à permettre
de percer une rue sur l'emplacement de la Halle
foraine. Ils s'occupaient, en outre, de la régularisation de la place et des rues de dégagement qui y aboutissent.

Par sa délibération en date du 1ᵉʳ juin 1853, après
avoir posé en principe :

— Que, vu le grand nombre de services qui doivent
trouver place dans l'Hôtel-de-Ville, il y avait lieu de
conserver le bâtiment actuel dans toute son étendue ;

— Que le projet devait pourvoir à une installation
plus commode des Bureaux et procurer des emplacements convenables pour les divers services qui doivent
trouver asile dans le bâtiment communal ;

— Que l'édifice devait être complètement isolé et
avoir ses abords faciles en toutes circonstances :

— Que, dès à présent, il y avait lieu de satisfaire
aux besoins des Bureaux de la Mairie, des Commis-
sions municipales, des Justices de Paix, du Conseil
des Prud'hommes, des Cours communaux de Géométrie, de Physique et de Chimie, des Réunions de
Bienfaisance , etc.;

Le Conseil, d'accord avec M. le Maire, décida :

« 1° *L'ouverture d'une rue à l'Ouest de l'Hôtel-de-
Ville, sur une largeur de* 10 *mètres, perpendiculaire-*

ment à la façade actuelle, et devant établir une communication directe entre la place de la Mairie et la naissance de la rue Gresset ;

» 2°. L'agrandissement et l'achèvement de l'Hôtel-de-Ville en laissant intacte la façade du Nord et au moyen de deux ailes, l'une à l'Ouest, l'autre à l'Est, reliées entre elles par une construction monumentale faisant face à la rue Delambre et devant servir d'entrée à l'Hôtel-de-Ville, avec cour intérieure pour le service, et cour d'honneur ;

» 3°. La construction immédiate de l'aile à l'Ouest ; plus tard, et en second lieu, celle du bâtiment du milieu ; puis enfin, celle de l'aile à l'Est avec rectification et redressement des rues des Verts-Aulnois et des Jeunes-Mâtins, le tout conformément aux plans annexés au Rapport, les constructions à l'Ouest devant comprendre tous les emplacements nécessaires aux services municipaux ;

» 4°. Invitation à l'Administration municipale de faire le nécessaire pour arriver, le plus tôt possible, à l'ouverture d'une rue de 10 mètres à travers les terrains de la Conciergerie et établir ainsi une nouvelle communication entre la place de l'Hôtel-de-Ville et le milieu de la rue Gresset ;

» 5°. Ajournement des questions relatives à l'agrandissement de la place de l'Hôtel-de-Ville et au percement de nouvelles rues dans la partie Nord de cette place ;

» 6°. Invitation à M. le Maire de faire dresser par M. l'Architecte de la Ville les plans de détail pour les constructions décidées en principe par la présente délibération. »

Le Conseil a témoigné de sa ferme volonté d'avoir un monument digne de sa haute destination.

Ce programme fait honneur au Conseil municipal qui a ainsi prouvé sa ferme *volonté* d'élever un monument répondant à sa véritable destination : installation convenable de tous les services municipaux,

dégagement et magnificence de l'édifice, embellissement de la Cité.

Le plan dressé conformément à ce programme et
qu'il nous a été permis d'étudier lors de l'enquête publique à laquelle il a été soumis, a pour base le vieux
bâtiment qui doit être convenablement approprié
et restauré. Il comprend, en outre, la construction de
deux ailes de 41 mèt. de long sur 10 de large, reliées
par un bâtiment principal de 38 mèt. sur 10, lequel
sera séparé de la rue Delambre par une cour d'honneur de 23 mètres.

Deux pavillons destinés à servir de Corps-de-garde
et de logement de Concierge seront placés aux angles
de cette cour qui doit être fermée par une grille.

En face de la cour d'honneur, la rue Delambre aura
12 mètres de largeur ; contre chacune des ailes régnera une rue de 10 m.; de manière que l'édifice
sera complètement isolé.

La rue Sainte-Marguerite sera élargie et redressée
en suivant la direction de la rue projetée à gauche de
l'Hôtel-de-Ville. La rue des Jeunes-Mâtins et la rue
des Lombards seront rectifiées et portées à une largeur de 10 mètres.

Pour la réalisation de ce projet, plusieurs maisons
de la rue Gresset seront atteintes. — Toutes celles qui
séparent l'Hôtel-de-Ville actuel de la rue Delambre
devront être démolies. — Tout le côté Ouest (numéros
impairs) de la rue des Verts-Aulnois, à travers lequel
passera une rue nouvelle, disparaîtra; le côté Est (numéros pairs) de la même rue reculera de 4 m. à l'angle Sud
et avancera d'environ 27 m. à l'angle Nord. — La rue
des Jeunes-Mâtins, ainsi que celle des Lombards éprou-
veront également d'importantes et très-heureuses mo-
difications par suite de l'élargissement et du redressement projetés. — Le côté Ouest de la rue Sainte-
Marguerite (numéros pairs) reculera en moyenne de

7 à 8 m.; le côté Est (numéros impairs) avancera, en triangle, d'environ 5 mètres.

Accueil sympathique fait à ce projet.

Ce projet a rencontré dans notre population la sympathie la plus vive : on a compris qu'il s'agissait pour Amiens d'une question de gloire et d'intérêt public regardant le présent non moins que l'avenir. Aussi, malgré la gêne que des circonstances difficiles ont produites dans les finances de la Ville, personne n'a reculé devant les frais considérables qui doivent en résulter et qu'on regarde comme nécessaires.

Nécessité d'évaluer la dépense totale.

Bien qu'il ne s'agisse, pour l'exécution des premiers travaux qui sont sur le point d'être entrepris, que d'une somme relativement modique, il n'est pas moins à propos d'examiner quelle doit être, en définitive, l'importance du sacrifice total que la Commune s'imposera pour terminer son Hôtel-de-Ville dans les conditions prévues par la délibération que je viens de reproduire.

Pour ce travail, je m'appuierai sur les bases posées par le Rapport qui précède cette délibération et sur des renseignements que je dois surtout à l'obligeance et aux lumières d'une personne mûrie par une longue et honorable expérience.

Evaluation de la dépense.

Sans entrer ici dans des détails qui seraient inopportuns, j'estimerai la dépense d'une manière sommaire et la diviserai en deux parties distinctes :

— Travaux de constructions,

— Acquisitions de terrains.

I. Travaux de Constructions.

Appropriation du vieux Bâtiment.

1° Constructions à l'intérieur du passage de la Halle marchande et du pavillon d'angle occupé par le Corps-de-garde ; suppression de l'entrée actuelle et ouverture d'un passage à double arcade au centre du bâtiment; démolition, travaux en sous-œuvre , construction d'escaliers et distributions nouvelles du rez-de-chaussée et du 1er étage ; au moins. . . . . 25 000 fr.

2° Rez-de-chaussée , — démolition du sol, solivage, plancher neuf en chêne et dallage des vestibules et des couloirs de dégagement, estimé. . . .   9 000

3° Premier étage , — redressement du plancher et consolidation par suite des changements opérés au rez-de-chaussée ; réfection des plafonds et des corniches ; renouvellement des parquets en chêne , estimé. 10 000

4° Restauration de la façade Nord, renouvellement des parties endommagées et de celles ruinées par les infiltrations, — estimé, compris les grilles d'entrée. 6 000

5° Restauration complète et reconstruction partielle de la façade Sud pour en harmoniser la décoration avec celle des bâtiments en aile, — estimé pour les 470 m. de surface. 12 000

Appropriation du bâtiment conservé.

A reporter. .   62 000fr.

Report. . . . . 62 000 fr.

6° Renouvellement d'une partie de la couverture et de la totalité des cheneaux en plomb pour prévenir les infiltrations fréquentes qui détériorent l'édifice, — Estimé, déduction faite de la reprise des vieux plombs. 4 000

7° Faces de retour des pavillons Est et Ouest se reliant avec les façades extérieures des ailes.— Estimé, compris les travaux en sous-œuvre et les raccordements avec l'ancien édifice, à environ 7500 fr. chacune, ensemble. . . . 15 000

Dépense d'appropriation du vieux Bâtiment. . . . . 81 000 fr.

Constructions neuves.

Constructions neuves.

1° Ailes Est et Ouest, — largeur 10 m., longueur 41 m. y compris les pavillons d'angle de la façade principale sur la rue Delambre ; surface 410 mètres carrés pour chaque aile. — Construction en briques et pierre ; couverture en ardoises, avec cheneaux en plomb et paratonnerres ; distributions intérieures ; croisées et grilles de fermeture ; charpente ; serrurerie ; menuiserie ; etc., etc.— Ce genre de construction , eu égard à son importance, aux fondations considérables qui seront nécessaires et aux conditions de solidité qu'il convient d'y apporter, ne peut être estimé à moins

de 450 fr. le mètre carré. Chaque
aile coûtera donc 184 500 fr.; les
deux . . . . 369 000 fr.

2° Bâtiment principal,—largeur 10 m.;
long. 58 ; surf. 380 mèt. car.Cette
construction ne pouvant être qu'en
pierre et d'une ornementation suffisamment riche tant à l'extérieur
qu'à l'intérieur, coûtera au moins
550 fr. le mèt. carré ci 209 000

3° Grille de la porte d'honneur , au
minimum 2 000

4° Grille de ceinture de la cour d'honneur, sur bahut d'appui en pierre
dure, estimé. 10 000

5° Trottoirs en granit autour de l'édifice, environ 950 mètres carrés. 24 500

6° Candélabres et accessoires pour
éclairage extérieur, au moins. . . 3 500

7° Eclairage intérieur, appareils et installation. 6 000

8° Réservoirs, distribution d'eau, appareils fixes contre l'incendie, etc. 8 000

9° Calorifères. 12 000

10° Pavage des cours , environ 1900
mètres carrés. . . , . . . 15 000

11° Pavage des rues attenantes au moins
2000 mètres. 20 000

12° Les deux pavillons aux angles de la
cour d'honneur sur la rue Delambre ,
pour corps-de-garde et logement du
concierge. 15 000
                                   ――――――
Dépense approximative pour les constructions neuves. . . . . . . 694 000 fr.
                                   ――――――

RÉSUMÉ.

— Appropriation du vieux bâtiment   81 000 fr.
— Constructions neuves. 694 000
— Somme à valoir pour *imprévu de fondations*, direction et surveillance, faux-frais, etc, au minimum. . . .   25 000

Dépense totale des travaux de cons- truclions. . . . . 800 000 fr.

II. Acquisition de Terrains.

Voyons maintenant l'importance de l'acquisition des terrains.

<table>
<tr><td>Isolement de l'Hôtel-de-Ville</td><td>

Isolement de l'Hôtel-de-Ville.

Les terrains à acquérir dans les rues suivantes :
— Gresset, — Sainte-Marguerite, — Delambre, — des Verts-Aulnois — et des Jeunes-Mâtins, offrent une surface de 5500 mètres carrés de propriétés bâties, qui coûteront, déduction faite de la valeur des démolitions, au moins. . . . . 625 000 fr.

1900 mètres de terrain nu seront à revendre dans les rues redressées des Verts-Aulnois et Ste-Marguerite, pour une somme d'environ. 60 000

Reste pour l'acquisition des terrains nécessaires à l'isolement de l'Hôtel-de-Ville. . . . . 565 000 fr.

</td></tr>
</table>

<table>
<tr><td>Rectification de la Place.</td><td>

Rectification de la Place.

La dépense de la rectification de la Place, bien qu'elle soit *ajournée* par le Conseil, doit cependant nous occuper ici. Il ne peut, en effet, manquer d'arriver qu'une place d'une étendue régulière et suffi-

</td></tr>
</table>

sante vienne donner au projet municipal son complément indispensable.

Le moins qu'on puisse faire à cet égard, serait de
s'arrêter d'une part à la rue de Metz, d'autre part à
l'impasse St.-Patrice, et d'ouvrir carrément la place
jusqu'à l'Hôtel-de-Ville. Dans cette hypothèse restreinte, il y aurait encore à acquérir à peu près 2500
mètres de propriétés qui peuvent être estimées, tous
frais faits, à environ . . . . 500 000 fr.

Ne parlons pas, si l'on veut, de l'ouverture d'une
rue partant de la place ainsi rectifiée, et aboutissant au
Marché-aux-Herbes, rue dont l'Administration municipale pourrait abandonner l'ouverture à la spéculation
privée; omettons également les autres dégagements
de la place, et résumons :

— Acquisition de terrains pour
l'isolement de l'Hôtel-de-Ville. . . 565 000 fr.

— Pour la rectification de la place. 500 000

— Frais pour indemnités, transac-
tions, expertises, rachat de servitudes,
actes, etc, au moins. 50 000

Dépense totale pour l'acquisition des ————————
terrains. . . . . 1 115 000 fr.

RÉCAPITULATION GÉNÉRALE.

Récapitula-
tion.

TRAVAUX DE CONSTRUCTIONS.	800 000 fr
ACQUISITION DE TERRAINS. .	1 115 000
DÉPENSE TOTALE.	1 915 000 fr.

Observons que cette somme ne comprend ni les
travaux de nivellement des abords de l'édifice, ni le
redressement et l'élargissement de la rue des Lombards, ni l'ouverture de la rue à travers la Conciergerie (ouverture qui entraînera le déplacement du

dépôt central des Pompes et de l'école de Dessin), ni le transfèrement du Marché aux laines, ni d'autres frais accessoires.

D'où l'on peut conclure que la dépense finale dépassera certainement **DEUX MILLIONS**.

Les chiffres que nous venons de poser et que les hommes compétents peuvent facilement vérifier, sont loin d'être empreints d'exagération ; on pourrait plutôt leur reprocher d'avoir été prévus avec trop de réserve.

Au moyen de cette dépense qui, à coup sûr, n'excédera pas les ressources de la Commune en la répartissant sur un grand nombre d'exercices, l'Hôtel-de-Ville sera notablement agrandi et acquerra un caractère plus monumental, les abords en seront dégagés, et une amélioration sensib'e sera donnée à la place centrale.

Tel est le projet actuel.

Mais eu égard à la dépense considérable qu'il occasionnera, procurera-t-il tous les avantages qu'on en peut espérer ?

Voyons d'abord ce qui doit résulter de la conservation du vieux bâtiment.

Aux termes de la délibération municipale du 1er juin 1853, toutes les distributions intérieures seront à changer.—En supprimant les cloisons dont quelques-unes servent de points d'appui pour le plancher du premier étage, d'importants travaux de consolidation seront à effectuer. — Eu égard au mauvais état des planchers, on sera forcé, dans un avenir peu éloigné, de les refaire entièrement. — De nouveaux escaliers seront à établir.—L'entrée actuelle sera remplacée par un passage à double arcade qu'on ouvrira au centre du bâtiment. — La couverture nécessitera d'assez fortes réparations.—Les pignons seront à démonter en totalité pour y substituer les faces de retour des pa-

villons d'angle donnant sur les rues latérales. — La
façade Sud est à reconstruire presque en entier.

Il ne restera donc du vieux bâtiment que la façade
Nord, et encore est-elle loin d'être en bon état.

De plus, si l'on en considère la disposition architec-
turale, on ne peut disconvenir que loin d'être remarquable, cette façade est d'une monotonie aussi glaciale
que son exposition. C'est le jugement qu'en portent les
Étrangers et que nous entendons chaque jour répéter
autour de nous. C'était également l'opinion qu'en
avaient nos devanciers, lorsqu'en 1760 on eut achevé
de faire subir à cette façade la transformation que
nous voyons aujourd'hui. Citons à ce sujet quelques
vers d'un placet adressé à cette époque au roi Louis
XV, placet dans lequel on signale l'acte de vanda-
lisme qu'on venait, à grands frais, d'infliger à un Hôtel-
de-Ville auparavant plus richement orné et décoré de
l'écusson et des initiales d'Henri IV:

> « La façade à l'Hostel de ville
> » N'a rien de flatteur ny de fin,
> » C'est l'ingénieur Gâte-ville
> » Qu'on dit auteur de ce dessin.
> » On n'y voit point l'ordre dorique,
> » Non plus que le corinthien,
> » Ny le toscan, ny l'ionique ;
> » Enfin, *c'est un peu plus que rien...* »

Ce jugement est également partagé par un auteur
Amiénois plus moderne. En décrivant l'Hôtel-de-
Ville, il s'exprime ainsi : « Cet édifice manque de
» cet aspect grandiose, de cet air de magnificence
» que présentaient jadis les principaux Hôtels-de-
» Ville du Nord de la France. »

Dans un article fort intéressant publié le 6 février
1853 , *le Commerce de la Somme* disait : « Amiens
» n'a point, à proprement parler, de maison com-
» mune : l'édifice affecté à cet usage ne répond en

La façade Nord que l'on veut conserver est d'un style on ne saurait plus pauvre. On y remarque les fautes les plus grossières contre les règles de l'architecture.

Preuves et citations.

» aucune manière à sa destination. Il n'est pas de
» ville importante, surtout dans le Nord de la France,
» qui ne soit, sous ce rapport, dans des conditions tout
» autres que la nôtre, etc., etc. »

La Publicité, autre journal édité en 1846 par M.
Alfred Caron — qui, disons-le en passant, s'est toujours fait remarquer par l'empressement le plus loua-
ble à prêter son concours à tout ce qui intéresse notre
pays, — formulait son opinion en ces termes : « L'Hô-
» tel-de-Ville d'Amiens n'est pas un édifice digne de
» sa haute destination... Il est indispensable d'en re-
» reconstruire la *façade* ; ce n'est qu'un parement en
» pierre *du style le plus pauvre* appliqué au milieu
» du dernier siècle sur une riche décoration de l'épo-
» que de la fin de la renaissance. Les espacements des
» pilastres accouplés et des trumeaux entre les fenêtres
» sont d'une irrégularité qui n'est pas supportable... »

Eh bien ! c'est ce bâtiment, ou plutôt cette façade
que l'on veut conserver aujourd'hui. Qu'en adviendra-
t-il ? C'est que cette façade, qui laisse tant à désirer
sous le rapport de l'art, et que déparent les fautes les
plus grossières contre les règles d'une architecture sai-
ne, donnera forcément son cachet aux agrandissements
futurs ; c'est que l'artiste chargé des plans, malgré
tout le talent qu'il peut avoir, ne pourra jamais, à
moins de violer les lois de l'unité, sortir du système
d'architecture plate que présente cette façade. Ce
style monotone régnera donc dans le monument entier, et nous n'aurons à Amiens qu'une construction
communale très-dispendieuse, sans avoir, à proprement dire, un Hôtel qui convienne au siége de l'Autorité municipale d'une grande Ville.

L'examen du plan adopté conduit à d'autres re-
marques qui ont aussi leur importance.

1° Le bâtiment à élever du côté de la rue Delambre

ne doit avoir, comme les trois autres corps de l'édifice, qu'une largeur de 10 mètres ; cette largeur est évidemment trop restreinte pour cette partie principale de l'Hôtel-de-Ville, destinée à contenir les salles d'apparat propres aux fêtes et aux cérémonies publiques.

2º L'ensemble des agrandissements projetés ne suffira pas pour permettre de recevoir tous les services municipaux.

Etablissons, en effet, la nomenclature de ces divers services et supputons la surface approximative nécessaire à chacun d'eux, en y comprenant, pour plus de simplicité, l'épaisseur des murs et des cloisons.

Énumération des Services municipaux.   mèt. car.

Grande Salle, salle d'honneur de la Mairie. La salle actuelle n'a que 200 mètres carrés; elle est beaucoup trop petite ; dans les grandes réunions on y est les uns sur les autres ; on ne saurait lui attribuer une surface inférieure à 300 mètres (1), ci	300
Salle du Conseil municipal , à peu près les dimensions actuelles	100
Trois salles de Commissions.	120
Salle de mariage, pouvant servir de chambre d'adjudications.	100
Cabinet particulier de M. le Maire. . . .	50
Salle d'attente et de réception pour les audiences exceptionnelles.	100
A reporter..	**770**

(1) Cette surface est loin d'être exagérée. En supposant une réunion de 600 personnes, ce qui n'est pas extraordinaire dans une fête publique, un banquet, etc., et faisant abstraction de la place nécessaire pour les tables, les estrades, etc., chaque personne n'aura ainsi qu'un demi-mètre carré.

mètres carrés

Report.	770
Salle de conférences pour les Administrateurs municipaux	40
Cabinet du Secrétaire de la Mairie	25
Bureaux { Central . . . . ; des Finances . . . . ; de la Voirie . . . . ; des Contributions . . . . . . ; Militaire . . . . ; de l'État-civil . . . . }	180
Six cabinets de chefs de bureaux	90
Archives communales. Dépôt , au moins . .	150
— Bureau des archives .	30
Secrétaire de la Mairie , logement	200
Concierge . . . . . id.	100
Service de l'Architecte, cabinet	40
— Bureaux, dépôt des plans	100
Service hydraulique, cabinet de l'Inspecteur.	20
— Bureaux	30
Octroi. Cabinet du Préposé en chef	25
— Bureau central	60
— Archives spéciales	30
Caisse municipale. Bureau du Receveur . .	40
Garde nationale. Cabinet du Colonel . . .	40
— Cabinet du Secrétaire . .	15
— Bureaux	30
Chambre de discipline	50
Corps de garde de la Ville	100
— chambre de l'Officier . . .	15
Corps de garde des Sapeurs-Pompiers . . .	40
— Chambre du Chef de garde . .	15
— Deux pompes et accessoires. .	40
Police. Cinq cabinets des Commissaires . .	80
— Salle d'attente	30

à reporter   2385

mètres carrés,

Report. . 2 585

Police. Bureau de l'Adjudant	15
— Sergents-de-ville	100
— Dépôt provisoire de sûreté ou violon.	15
— Dispensaire	60
— Cabinet du Médecin.	15
Bureau de bienfaisance	40
— Cabinet des Administrateurs. . .	40
— Salle d'attente	50
Société de secours mutuels	40
— Bureau du comptable	15
Caisse d'épargne	100
Justice de paix. Audience. (Pour la dignité de la Justice, l'Audience doit être assez grande pour que les prévenus et surtout le public, ne soient pas trop rapprochés des Juges.)On ne saurait, pour avoir une salle convenable, lui assigner moins de	150
Cabinets des Juges-de-Paix	100
— Salle d'attente	60
Tribunal de commerce. Audience. . . .	150
— Salle de délibération. . . .	80
— Chambre des Agréés.	25
— Vestiaire	20
— Greffe	30
— Salle des Pas-perdus. . . .	40
Chambre de commerce	50
— Cabinet du Secrétaire. . . .	30
Prud'hommes. Audience	150
— Salle du conseil	50
— Greffe et dépôts d'échantillons.	30

Ensemble. 3 840

Galeries de dégagement (1|5 de la surface). 760

À reporter. 4 600

mètres carrés.

Report. . 4 600

Escaliers. — Escalier d'honneur 150
    —   Quatre escaliers de dégagement. 200
Même surface pour le premier étage . . . 350
Vestibules, antichambres, services non-énu-
   mérés et réserves d'avenir, au minimum 300
   mètres et pour 2 étages 600

Total . 5 900

Du plus, en centralisant à l'Hôtel-de-Ville
les divers Cours communaux, ainsi que le com-
porte le programme municipal, il faudrait y
consacrer les emplacements que je vais indiquer. Cette centralisation est d'ailleurs convenable à tous égards ; non-seulement elle rehausse-
rait l'éclat de ces Cours, mais surtout elle en accroîtrait l'utilité en les mettant à la portée du
plus grand nombre. Elle procurerait en outre
une économie considérable de frais d'installation, en épargnant la création de locaux dis-
tincts et spéciaux.

Amphithéâtre des Cours communaux pour les
   leçons d'Arithmétique, de Géométrie, de
   Mécanique, de Physique, de Chimie, d'A-
   griculture, de Botanique, de Zoologie, de
   Droit commercial, etc 150
Cabinet de Physique et Laboratoire de Chimie 200
Classe de Dessin artistique 200
Salle pour l'étude du modèle vivant. . . . 50
Classe de Dessin industriel 200

Total pour les Cours communaux. 800

Ce qui produit une surface totale de   6 700

Ainsi, la surface nécessaire pour loger les divers services est d'environ 5900 mèt. carrés, si l'on fait abstraction des Cours communaux; et 6700, si l'on y a égard.

Je n'ai pas la prétention d'avoir tout prévu ; je pense cependant n'avoir rien omis d'essentiel en ce qui concerne les services administratifs qu'il serait avantageux pour le Public de voir concentrer dans la Maison commune.

Calculons maintenant la surface que procurera le projet tel qu'il est conçu.

Bâtiment à restaurer : 58 mètres sur 10 mètres, ou . . . . . . , . . 580 m.

Aile à l'Ouest, y compris le pavillon d'angle sur la façade principale : 41 m. sur 10, ou . . , ... 410

Aile à l'Est, mêmes dimensions. . . . 410

Bâtiment principal : 58 mèt. sur 10, ou 580

Pavillons pour corps-de-garde et logement du concierge : 8 m. sur 6 ou 48 mèt. carrés ; et pour les deux 96

Surface totale . . . . 1876 m.

En supposant un monument tel que celui qui existe, c'est-à-dire avec étage unique au-dessus du rez-de chaussée, la surface précédente est à doubler ; ce qui donne , ... 5752 m.

Cela posé , nous avons trouvé plus haut que la surface bâtie devrait être au minimum de. 5900 m.

Il manquerait donc environ . . . . 2150 m.

Et si, d'accord avec le programme municipal, on admet l'installation des Cours communaux à l'Hôtel-de-Ville, ce qui exigerait, comme nous l'avons également vu, une surface supplémentaire de 800 m., on

reconnaît que le projet actuel , malgré une dépense de
plus de 2 000 000 de fr., conduit à l'énorme insuffisance d'environ. . . . . 2950 m.

La centralisation de tous les services sera donc matériellement impossible.

Ainsi, malgré les avantages immenses qui résulte-
raient, pour le Public et l'Administration elle-même,
de la centralisation des services, il y aurait impossibilité matérielle de la réaliser. En admettant même
qu'on voulût en éliminer un certain nombre, tels que
le bureau de Bienfaisance, la Société de secours mu-
tuels , la Caisse d'épargne, la Justice de paix, les
Cours communaux, etc., on serait encore obligé de
resserrer les autres dans des conditions d'exiguité
tout-à-fait contraires au but qu'on se propose. En
outre, il n'y aurait pas économie, puisqu'on se trou-
verait contraint d'élever, au dehors, des constructions
spéciales fort coûteuses.

La cour d'honneur fera perdre un terrain précieux.

3° La cour d'honneur donnant sur la rue Delambre, est beaucoup trop resserrée pour présenter une
utilité réelle. Si elle ne servait à placer dans une pers-
pective plus favorable la façade monumentale projetée, on pourrait affirmer que c'est 1250 mètres carrés
de terrain, d'une valeur d'au moins 185 000 fr., perdu
au centre de la Ville. Cette perte ne provient évidemment que de la position forcée où l'on se trouve
par suite de la conservation du vieux bâtiment.

Ce terrain pourrait être bien mieux utilisé.

Si l'on voulait au contraire tirer meilleur parti de
ce terrain, rien ne serait plus facile : il suffirait, au
lieu de laisser la place derrière l'Hôtel-de-Ville, de
l'établir en avant ; la cour d'honneur en formerait
alors une partie importante , et procurerait ainsi une
notable économie sur l'étendue des terrains à employer. Cette première économie serait encore aug-
mentée par les portions de la rue Delambre et des

deux rues latérales, qui doivent s'étendre en avant et de chaque côté de la cour d'honneur.

Afin de bien préciser l'observation qui précède et qui, sous le rapport financier, est du plus haut intérêt, posons quelques chiffres.

La cour d'honneur et ses annexes doivent occuper 2750 mètres carrés de terrain, savoir :

1354 m. pour la cour d'honneur qui, avec ses deux pavillons d'angle, aura 58 mèt. sur 23.

 696 m. pour la partie de la rue Delambre vis-à-vis la cour d'honneur, qui doit avoir 58 mèt. sur 12.

 700 m. pour les deux portions de rues à droite et à gauche de la même cour, qui auront chacune 35 mèt. sur 10.

La place actuelle, après sa rectification dans les conditions admises précédemment, doit avoir 5950 mètres carrés.

Pour avoir, en avant de l'Hôtel-de-Ville, une place d'égale étendue, il n'y aurait donc qu'à ajouter 3200 mètres aux 2750 mètres formant la surface prévue pour la cour d'honneur et les rues adjacentes.

Ainsi qu'on le voit, le terrain de la cour d'honneur et de ses annexes, au lieu d'être perdu, formerait ainsi près de la moitié de la Place future.

4° Ajoutons que si l'on voulait conserver la Place entre le Beffroi et l'Hôtel-de-Ville, elle serait toujours du plus mauvais effet et d'une irrégularité tout-à-fait choquante. La dépense qu'occasionnerait sa rectification serait cependant considérable (environ 500 mille francs) sans pouvoir, à proprement dire, procurer à Amiens une place centrale qui lui manque. D'ailleurs une place principale ne devrait pas être reléguée en arrière d'un monument où elle formerait un contre-sens véritable, c'est en avant de la façade monumentale de l'édifice dont elle accroîtrait encore la grandiosité, qu'elle devrait être établie.

Dans la circonstance qui nous occupe, cette disposition devrait être adoptée avec d'autant moins d'hésitation qu'elle produirait en outre une assez forte économie comme on vient de le voir et comme nous en fournirons bientôt une autre preuve.

Les rues d'isolement de l'Hôtel-de-Ville seront beaucoup trop étroites.

5° Observons encore que les rues qu'on se propose d'ouvrir pour isoler l'Hôtel-de-Ville, devraient avoir plus de 10 mètres. En enlevant 2 mètres de chaque côté pour les trottoirs, il ne reste, en effet, pour les voitures et la circulation, qu'un espace de 6 mètres, largeur trop restreinte pour les abords de la Mairie. Ces rues devraient être de 15 mètres pour suffire sans danger à l'affluence du public lors des fêtes et des cérémonies, ainsi que pour faciliter les abords des marchés avoisinants.

Au point de vue de la salubrité publique et pour remédier à la condensation, si je puis m'exprimer ainsi, et à la hauteur des constructions, par suite de la cherté des terrains, dans les quartiers marchands du centre de la Ville, n'est-il pas d'ailleurs urgent d'y percer des rues à dimensions larges, afin que les habitants trouvent du côté de la voie publique l'air qui leur manque du côté opposé ? Cette surélévation des maisons exige également que les rues voisines de l'Hôtel-de-Ville soient assez spacieuses pour que cet édifice puisse convenablement se détacher et ne soit pas écrasé par des constructions trop voisines.

Le Beffroi ne devrait pas être mis en oubli.

6° Remarquons enfin que le Beffroi, ce symbole de la Commune, étant à peu près le seul point fixe de la partie de la Cité où doit s'élever notre futur Hôtel-de-Ville, aurait dû servir de premier jalon pour le tracé des voies publiques environnantes. Dans le projet de 1855, il est pour ainsi dire mis en oubli ; ou plutôt, par sa position irrégulière relativement au bâtiment conservé, il déparera, quoi que l'on puisse faire, la place centrale que l'on veut créer. C'est cependant un édifice d'un haut intérêt historique et d'une utilité incontestable pour la sécurité de la Ville, dont il serait important de tirer parti pour les améliorations urbaines qu'il s'agit d'effectuer.

Nous avons dit précédemment qu'il y aurait convenance et économie à établir la Place en avant de l'Hôtel-de-Ville, plutôt que de la laisser derrière le monument.

La Place centrale devrait être en avant de l'Hôtel-de-Ville

Nous pensons avoir suffisamment démontré qu'il y aurait convenance ; il nous reste à compléter ce que nous avons dit plus haut pour prouver qu'il y aurait économie.

Afin de simplifier la question, admettons que le monument, *tel qu'on propose de le construire*, soit reculé vers le Beffroi, de manière à laisser en avant, au lieu de la cour d'honneur, une place de même étendue que celle qu'on veut créer en arrière.

Evaluation de l'économie qui en résulterait.

Dans cette hypothèse, une construction neuve devrait remplacer le vieux bâtiment. Voyons d'abord ce qui en résulterait.

Ce bâtiment neuf, de mêmes dimensions que l'ancien, c'est-à-dire de 580 mètres carrés, et de même genre que les ailes projetées, coûterait 450 fr. le mètre carré, ou. . . . . . . 261 000 fr.

Mais de ce prix, il convient de déduire l'économie que ferait obtenir la démolition du vieux bâtiment, économie qui se compose des éléments suivants :

Réemploi des matériaux provenant de l'ancien bâtiment, environ. . . . 30 000 fr.

Suppression de la dépense d'appropriation détaillée pages 7 et 8. . . . 81 000

A reporter. 111 000 fr.

Report. . . . 111 000 fr.

Suppression des deux pavillons sur la rue Delambre par suite de la réunion de la cour d'honneur avec la place centrale. . . . . 15 000 fr. ;

En installant à l'intérieur de l'Hôtel-de-Ville les services auxquels devaient satisfaire ces deux pavillons, il coûterait au plus. . . . . . . 5 500 fr. ;

Reste à déduire. 11 500

Suppression des trottoirs en avant et de chaque côté de la cour d'honneur environ. 1 500

Suppression de la grille de ceinture de cette même cour. 10 000

Ensemble. . 134 000 fr.

Faible augmentation de dépense pour es construcions.

L'excédant de dépense qu'occasionnerait une construction neuve ne serait donc que de 127 000 fr.

Cet excédant diminuerait encore si l'on adoptait l'avis de plusieurs praticiens de mérite qui estiment que la dépense effective de l'appropriation *complète* du bâtiment conservé dépassera certainement les 81 000 fr. auxquels se borne notre évaluation.

Il éprouverait encore une réduction plus forte, si l'on avait les données nécessaires pour apprécier aujourd'hui l'économie que l'on obtiendrait en reculant les constructions sur le sol ferme vers le Beffroi, au lieu de les élever près de la rue Delambre sur l'emplacement d'anciens fossés de la Ville, où l'on sera peut-être obligé de faire, *en pure perte*, d'énormes frais de fondations.

Ainsi, et abstraction faite des deux causes de réductions précédentes, la construction d'un bâtiment neuf en remplacement de l'ancien conduirait à un excédant de dépense de **127 000** fr. Tel serait le résultat auquel on parviendrait si l'on n'avait à s'occuper exclusivement que des constructions sans avoir égard à la Place future.

Sans aller plus loin, et en admettant même que cet excédant de dépense fût réel, il ne serait pas sans intérêt d'envisager la question d'un peu plus haut et de voir si, dans un but d'économie relativement aussi modique, il serait sage de préférer un vieux bâtiment à une construction neuve ; un édifice froid et triste à une Maison commune digne de notre époque ; un monument où tous les services se trouveraient fort à l'étroit, à un Hôtel-de-Ville où ils seraient convenablement installés ; une place borgne et à contre-sens, à une place centrale en rapport avec les besoins auxquels elle doit satisfaire.

Mais sans nous arrêter à ces considérations, qui suffiraient seules pour écarter le projet de **1855**, examinons la question dans son ensemble et nous reconnaîtrons bientôt que le nouveau projet, loin de produire un excédant de dépense, conduit au contraire à une forte économie.

Rappelons que, pour avoir en avant de l'Hôtel-de-Ville une place de l'étendue de celle projetée à l'arrière, il suffirait aux **2730** mètres carrés de la Cour d'honneur et de ses annexes, d'ajouter **3200** mètres carrés; ce qui, pour la largeur de **78** mètres que présente le monument avec les deux rues latérales, ferait reculer la façade principale du Sud de $\frac{3200}{78} =$ **41** mètres.

Si, pour rester dans les conditions du programme municipal, nous supposons derrière l'édifice une rue semblable aux rues latérales, c'est-à-dire de **10** mètres, le terrain qui serait à occuper au Nord de la

façade actuelle s'arrêterait à 51 mètres. A cette limite,
il y aurait à acheter environ 1400 mètres carrés de
propriétés qui peuvent être estimées. . 280 000 fr.

Or, nous avons vu que pour rectifier la Place en
la laissant au Nord du monument , il faudrait faire
l'acquisition d'au moins 2500 mètres de propriétés
qui coûteraient à peu près. . . . 500 000 fr.

On reconnaît donc qu'en établissant la Place en avant
de l'Hôtel-de-Ville, on réaliserait sur l'acquisition
des terrains, une économie de. . . . 220 000 fr.

A quoi il faut ajouter : 1° pour plus-
value d'une partie à revendre de terrains donnant sur une place au lieu
d'aboutir à une rue, environ. . .   10 000

Et 2° pour une langue de terre
laissée libre au Nord de la place
actuelle et qui pourrait également être
vendue, environ. 25 000
——————————

Total. . 255 000 fr.

De cette somme il faut toutefois déduire l'excédant de la dépense qu'occasionnerait la construction neuve en
remplacement de la vieille, c'est-à-dire. 127 000 fr.
——————————

D'où l'on peut conclure qu'en éta-
établissant la Place centrale en avant
de l'Hôtel-de-Ville, on obtiendrait en
définitive un avantage de . . . . 128 000 fr.
——————————

*Résultat : l'a-
vantage serait
de 128 000 fr.*

Quel que soit le projet que l'on adopte, qu'on ait
des idées très-grandes ou fort modestes, le résultat
auquel nous venons de parvenir ne perdra rien de sa
valeur. Il est évident, en effet, que, si l'on conve-
nait par exemple d'attribuer à la Place future une
étendue de 7000 mètres et que l'on fit entrer dans

ces 7000 mètres les 3000 mètres de la cour d'honneur du projet municipal, il ne faudrait plus se procurer que 4000 mètres.

D'où la conséquence, que le projet de 1853, qui consacre la conservation du vieux bâtiment et par suite l'établissement de la Place en arrière de l'édifice, n'a pas même pour lui l'impérieuse raison de l'économie.

CE QU'IL Y AURAIT A FAIRE serait donc de se dégager de toute entrave et de se proposer un plan qui n'aurait point pour condition première et indispensable la conservation du vieux bâtiment. *Ce qu'il y aurait à faire.*

Mieux vaudrait assurément laisser les choses dans le *statu quo* en attendant des temps plus prospères, que de bâtir une Maison commune à proportions trop exiguës, où les services se trouveraient pour longtemps encore fort mal à l'aise. Faisons les choses convenablement ou ne faisons rien, et n'exposons pas nos successeurs à regretter une dépense qui n'aurait qu'imparfaitement rempli son objet.

Que si, au contraire, nous voulons franchement aborder la question, nous pourrons alors avoir, avec une Place remarquable, un monument complet, un Hôtel-de-Ville digne de ce nom, un édifice que nous pourrons avec orgueil montrer aux Etrangers et léguer à nos descendants.

A mon avis, le meilleur parti à prendre serait, non point d'improviser un projet d'Hôtel-de-Ville, ou de le bâtir au jour le jour, réservant pour l'avenir la solution de difficultés qu'on n'ose prévoir aujourd'hui, mais d'appeler la concurrence des talents, d'exciter l'émulation des architectes en mettant *Le projet devrait être mis au concours.*

LE PROJET AU CONCOURS,

projet qui comprendrait non seulement l'édifice à construire, mais encore les rues de dégagement en-

vironnantes, *ainsi que la création d'une Place centrale et la régularisation des consructions qui doivent l'encadrer.*

Avons-nous besoin de justifier une semblable mesure ? Est-il nécessaire de rappeler que c'est le concours qui nous a donné, en partie, cette charmante restauration de la Sainte-Chapelle et cette savante restauration de Notre-Dame de Paris (1) ?

Ne sait-on pas que c'est au concours que l'on doit la belle colonnade du Louvre, concours dans lequel le médecin Claude Perrault l'emporta sur l'architecte Levau et une foule d'autres artistes ? Dirons-nous encore que le concours a donné St-François d'Assise à l'Italie ? Florence connaissait bien la puissance du concours quand elle y mettait, en 1355, la **LOGE** de sa Grande-Place, et, à l'aurore du XVe siècle, les portes de son **BAPTISTÈRE**.

Nous n'en finirions pas si nous voulions raconter toutes les merveilles produites par le concours. Partout on en trouve d'heureuses applications.—Bayonne, en 1855, a mis au concours le plan d'un hôpital civil qui ne devait coûter que 500 000 fr.— Lille, aujourd'hui, consacre plusieurs millions et un emplacement considérable pour la construction d'une vaste église gothique, d'une Cathédrale qu'elle demande à un concours universel. — Amiens, pour citer un exemple qui nous touche de plus près, n'a eu qu'à se louer d'avoir pratiqué cette idée à propos du Musée qu'on élève en ce moment.

Pourquoi ne l'adopterait-on pas pour notre Hôtel-de-Ville qui doit entraîner une dépense quatre fois plus considérable? C'est sans contredit pour Amiens un édifice qui est bien plus important qu'un musée

____

(1) Voir les Annales archéologiques publiées par M. Didron aîné, tome **XIV**, page 384.

et qui devrait être soumis à des garanties de perfection non moins sérieuses.

Sur une dépense finale de plusieurs millions, les quelques mille francs qu'on accorderait en primes aux meilleurs projets, n'augmenteraient les frais que d'une quantité tout-à-fait insignifiante. D'ailleurs, le bien qui en résulterait compenserait amplement une si légère avance.

D'un autre côté, la réussite du concours pour le Musée-Napoléon est un sûr garant que l'appel qui serait fait aujourd'hui par la ville d'Amiens, serait entendu non seulement par les artistes du pays, mais aussi par les hommes de génie de toute la France, peut-être même de l'Étranger.

Les conditions de ce Concours seraient de la plus grande simplicité. Il suffirait, en effet, de faire connaître :

Conditions du concours.

1° La somme que l'on veut dépenser ;

2° La nomenclature des divers services et l'emplacement approximatif qui leur est nécessaire ;

3° Le plan de la ville d'Amiens d'après les résultats fournis par le dernier cadastre ;

4° Les plans de nivellement des terrains situés aux alentours du futur édifice ;

5° Une vue du Beffroi ;

6° Les prix qu'on accorderait aux meilleurs projets.

Si l'on veut même, pour donner complète satisfaction aux personnes qui pensent que l'Hôtel-de-Ville actuel devrait être conservé, on ajouterait les plans exacts de cet édifice.

Chaque concurrent fournirait alors les plans :

1° Pour la construction de l'Hôtel-de-Ville ;

2° Pour la création d'une Place centrale, et pour le percement ou la rectification des rues qui devront y aboutir ou qui y aboutissent ;

Et 3° pour les façades des maisons qui devront être élevées sur cette Place centrale.

Inutile d'ajouter que le projet entier ne serait exécuté que par fractions proportionnelles aux ressources dont pourrait disposer la Ville.

Contre-projets fournis lors de l'enquête.

L'idée d'un **CONCOURS** nous paraît devoir être accueillie avec d'autant plus de faveur que lors de l'enquête publique à laquelle a été soumis le projet d'agrandissement de l'Hôtel-de-Ville, quatre contre-projets d'un grand mérite ont été présentés.

D'après le premier, le bâtiment actuel serait prolongé jusqu'à la rue Gresset à travers les terrains de la Bourse et du magasin des Pompes, et l'on vendrait les terrains de la Place, en réservant toutefois une rue spacieuse devant l'édifice.

Les trois autres proposent de bâtir l'Hôtel-de-Ville sur la place actuelle et de démolir l'ancien dont l'emplacement contribuerait à augmenter l'étendue de la place centrale qui serait située en avant du nouvel édifice et s'étendrait jusqu'à la rue Delambre.

PROJET NOUVEAU.

Soumettons ici, à titre de simple renseignement, un nouveau projet qui complète et résume, pour ainsi dire le plan municipal et ceux que l'enquête a fait éclore. Comme ces derniers, il comprend la création de la Place centrale en avant de l'Hôtel-de-Ville ; comme le projet municipal, il offre une Cour d'honneur et une vaste cour de service.

La base de ce projet est une rue de 15 mètres partant du Beffroi et aboutissant à la grande rue de Beauvais, en traversant la rue Sainte-Marguerite redressée. L'Hôtel-de-Ville serait établi d'équerre sur cette base en occupant une partie de la place actuelle.

La Place centrale située en avant de la façade principale de l'édifice, se prolongerait jusqu'à la rue Delambre et serait plus ou moins vaste selon les idées que nos ressources feraient prévaloir auprès du Conseil municipal.

Les différents corps de bâtiments auraient à peu près la disposition de la lettre **H**. Le bâtiment central serait accosté de deux ailes ; — en avant, cour d'honneur ; — en arrière, cour de dégagement. Cette disposition, tout en permettant de donner aux divers services l'emplacement qui leur serait nécessaire, ferait mieux ressortir l'importance du monument qui se développerait sur une étendue plus grande à l'œil du spectateur.

Sur la Place, les maisons présenteraient des façades non point parfaitement identiques, mais harmonieusement variées, de manière à éviter la monotonie, tout en satisfaisant aux nécessités de chaque habitation. L'ensemble de ces constructions, pour ainsi dire de la même famille, ajouterait à l'aspect monumental de l'édifice, répondrait mieux à l'importance de la Place principale de la Ville et piquerait plus vivement la curiosité des Etrangers (1).

Bien qu'une évaluation d'un projet quelconque présente en ce moment peu d'intérêt, si l'on admet avec nous l'opportunité, nous dirons même la nécessité d'un **CONCOURS**, nous croyons cependant devoir ici donner en bloc une estimation du nôtre, pour aller au devant du reproche qu'on pourrait nous adresser de

---

(1) Comme complément de notre projet, une rue de 12 à 15 mètres prendrait naissance à l'Est de la Place en s'alignant sur la façade principale de l'édifice et aboutirait à la rue St.-Denis, en redressant celles des Crignons et du Cloître-de-la-Barge et en s'appuyant sur le Palais-de-Justice.—(L'avenir ferait peut-être continuer cette rue nouvelle jusqu'à la rue des Ecoles-Chrétiennes)— Cette large artère ouvrirait ainsi une belle voie de communication depuis l'Hôtel-de-Ville jusqu'à la Gare et s'harmoniserait parfaitement avec la grande rue dont le Corps Municipal, à l'unanimité, vient de décider l'ouverture entre la rue des Trois-Cailloux et le portail de la Cathédrale dit de la Vierge-Dorée, rue que l'on devra à l'heureuse initiative de M. le Comte V. du HAMEL, Préfet de la Somme.

parler de projets dont nous n'aurions point suffisamment examiné les conséquences.

En supposant les constructions assez vastes pour
loger convenablement les services dont nous avons
donné précédemment l'énumération, et en admettant
deux étages au-dessus du rez-de-chaussée de manière
à avoir, sur la même base, avec une faible augmentation de dépense, moitié en sus de superficie dispo-
nible, le monument complet, d'après nos prévisions,
coûterait à peu près 1 million. Ce ne serait donc
qu'environ 2 cent mille francs de plus que le projet
municipal.

Cette augmentation ne doit pas surprendre si l'on
réfléchit que notre projet donnerait asile à tous les services communaux sans exception, en leur accordant
l'emplacement qui leur serait nécessaire, tandis que le
projet de 1855 n'en recevrait qu'une partie, en attri-
buant d'ailleurs à la plupart un espace tout-à-fait
insuffisant, et que pour les autres, tels que : Classe de
Dessin industriel ; Classe de Dessin artistique ; Cabinet municipal de Physique ; Laboratoire de Chimie ;
Amphithéâtre et dépendances des Cours communaux, etc, il serait, dans un avenir plus ou moins
prochain, nécessaire de construire des locaux spéciaux
qui ne coûteraient pas moins de 250 à 300 cent
mille francs.

Nous pourrions entrer dans des détails plus précis
de comparaison entre le projet primitif et le nôtre ;
nous croyons inutile de le faire par la raison que
voici : c'est que nous n'attachons qu'une importance
fort secondaire aux idées que nous avons émises relativement à la disposition à donner aux diverses parties de notre futur Hôtel-de-Ville, persuadé qu'un
CONCOURS est l'unique moyen de doter notre Cité
d'un monument aussi parfait que possible.

VOIES ET MOYENS.

Occupons-nous maintenant des voies et moyens.

Et d'abord, les ressources dont on peut actuellement disposer, suffiront-elles pour permettre d'achever les premiers travaux qu'on doit prochainement mettre en adjudication ?

Ces ressources se composent d'une somme de 150 000 francs que doit fournir, suivant la répartition établie par la délibération municipale du 5 décembre 1853, l'emprunt de 900 000 fr. autorisé par la loi du 10 juin 1854, ci. . . . . 150 000 fr.

A quoi il faut ajouter pour réemploi des matériaux de la Halle foraine, environ. 25 000

Le total des fonds actuellement disponibles est donc de. . . . . . 175 000 fr.

Somme qui doit être affectée à la construction de l'aile projetée et à l'appropriation du vieux bâtiment.

Mais ces travaux devant coûter :

— Pour construction de l'aile à l'Ouest, plus de. . . . . 184 000 fr.

— Pour appropriation du vieux bâtiment, au moins 81 000

Ensemble, plus de. . 265 000 fr.

Et la somme dont on peut dès à présent disposer n'étant que de. . . 175 000 fr.

C'est encore plus de. . . . . 90 000 fr.

qu'il faudra se procurer pour achever cette première partie des constructions; et ici, je ne comprends ni les travaux de nivellement, ni les trottoirs, ni le pavage, ni l'éclairage, etc.

Comment combler cette insuffisance? Les délibérations du Conseil ne nous ont rien appris à cet égard ; mais puisque ce projet est à la veille d'être mis à exécution, c'est que la caisse de la Ville pourra fournir les moyens de faire face à cette première dépense.

Quand aux autres ressources sur lesquelles compte le Corps municipal pour mener à bonne fin l'ensemble de son entreprise, nous les ignorons également.

Ressources pour réaliser, dans un avenir prochain, l'Edifice entier.

Sans rechercher ici quelles peuvent être les prévisions de l'Administration à cet égard, qu'il nous soit permis d'émettre nos propres idées sur cette question, et d'indiquer les moyens de doter notre Ville d'un véritable Hôtel municipal.

Commençons par remarquer que, le monument qu'on se propose d'élever intéressant non moins nos successeurs que nous-mêmes, il ne serait pas équitable d'en faire exclusivement supporter les frais à la génération présente. *Un emprunt à long terme* nous paraît en

Un emprunt à long terme serait le moyen le plus équitable et le plus efficace de solder la dépense.

conséquence le meilleur moyen pratique de résoudre la difficulté. Rien d'ailleurs ne serait plus facile que d'obtenir les autorisations nécessaires pour contracter un emprunt présentant un caractère si évident d'utilité publique. Ajoutons qu'en s'adressant à une institution financière, telle que le CRÉDIT FONCIER DE FRANCE, on obtiendrait immédiatement les fonds dont on aurait besoin, et que *pour se procurer*, par exemple, *un capital de* 100 000 *fr., il suffirait de payer pendant* 50 *ans une annuité de* 5950 *francs.*

Pour prouver qu'il serait possible de réaliser dès à-présent, une partie importante du projet que le concours ferait prévaloir, projet qui, nous l'avons vu, devrait coûter à peu près un million pour la partie relative aux constructions, examinons à quelles ressources on pourrait avoir recours.

1° Ressources disponibles.

Somme provenant de l'emprunt de 1854. 150 000 fr.
A valoir pour démolitions: 　　　　　　　 »
　　— De l'Hôtel-de-Ville actuel . . 50 000
　　— De la Halle foraine 25 000
　　　　　　　　　　　　　　　　 ————————
　　　Total des ressources disponibles. 205 000 fr.
　　　　　　　　　　　　　　　　 ————————

Ressources disponibles 205 mille francs.

2° Ressources ordinaires.

La comparaison des recettes et des dépenses ordinaires du budget municipal démontre que la Commune n'éprouverait aucune gêne à inscrire chaque année à son budget une douzaine de mille francs pour être appliqués aux constructions de l'Hôtel-de-Ville. Ces 12 000 fr. serviraient à amortir un emprunt que l'on pourrait faire au **CRÉDIT FONCIER**, et représenteraient un capital actuel de. . . . . 200 000 fr.

Ressources ordinaires: 200 mille francs.

3° Indemnités pour plus-value des propriétés riveraines.

La place à créer en avant de l'édifice devant ajouter une valeur considérable aux propriétés riveraines, il ne serait pas juste que cette plus-value fut gratuitement acquise aux propriétaires. La loi du 16 septembre 1807 a prévu ce cas en permettant de faire profiter la Commune d'une partie de l'accroissement de valeur que les propriétés acquierront par la création de rues et places publiques Le montant des indemnités qui pourraient ainsi être allouées à la Ville ne pouvant dès aujourd'hui être exactement précisé, nous ne le mentionnons ici que pour mémoire.

Indemnités des riverains.

4° Utilisation des Marais communaux.

<table>
<tr><td>

Utilisation des marais pour ainsi dire improductifs de la Commune.

</td><td>

Nous proposerons enfin d'imiter l'exemple de plusieurs propriétaires en convertissant en terres d'*hortillonnages* une partie plus ou moins grande des *marais* pour ainsi dire improductifs de la Commune.

D'après une moyenne calculée sur un revenu de 30 années, revenu constaté par les comptes que publie annuellement l'Administration municipale, on trouve que les 200 hectares environ de marais que possède la ville d'Amiens, ne lui rapportent à peu près que 2 000 fr. par an, pour élagages et vente d'arbres (1). Remarquons, que cette moyenne comprenant les recettes extraordinaires procurées à la Commune pendant les années calamiteuses 1847, 1848 et

</td></tr>
<tr><td>

Le revenu moyen d'un hectare de marais n'est que de 10 fr.

</td><td>

1849 est plutôt forte que faible. Le revenu moyen d'un hectare de marais n'est donc que de 10 fr. par an. Or, chacun sait que les terres d'*hortillonnages* se louent en moyenne au moins 300 fr. l'hectare. En convertissant un hectare de marais en hortillonnage, la Ville réaliserait ainsi un supplément de recette de 290 fr. Pour avoir 5950 fr., annuité d'un capital de 100 000 fr., il ne faudrait donc en louer qu'environ 20 hectares. Un choix judicieux des terrains ferait monter le

</td></tr>
<tr><td>

Il pourrait être de 3 à 4 cents fr.

</td><td>

loyer annuel jusqu'à 350 et même 400 fr.; ce qui réduirait proportionnellement la quantité de marais à

</td></tr>
</table>

---

(1) Produits bruts des plantations communales pendant 30 années (de 1823 à 1852) 150 000 fr., déduction faite de la recette spéciale produite en 1823 et 1824 par la vente des arbres de la Hotoie, recette qui a été de 88 474 fr. 86.

La moyenne annuelle des recettes est donc de 5000 fr.

A déduire pour la Hotoie, les boulevards intérieurs et extérieurs, les chemins, les jardins, ainsi que pour les frais d'exploitation, à peu près. . 3000

Reste pour les 200 hectares de marais 2000 fr.

convertir en hortillonnage, ou bien ce qui fournirait
un supplément de ressources qu'on pourrait, à l'avantage de tous, appliquer à la même destination.

Dans le revenu des marais, je n'ai point parlé des
produits qu'en retirent quelques uns de nos ménagers
des faubourgs et des sections rurales, parce que ce
produit est très-contesté, pour ne pas dire négatif. Nos
agriculteurs, en effet, savent si bien le tort qu'exerce
trop souvent le sol marécageux de nos pâturages, et, en
outre, la perte d'engrais qui résulte pour eux de la mise
en marais de leurs bestiaux, que la plupart ont cessé de
les y envoyer. Les pâturages en général n'ont d'utilité
réelle que lorsqu'il s'agit de jeunes sujets qui ont besoin
de se développer en liberté, ou d'animaux qu'on veut
empêcher de s'engourdir dans le repos de l'étable de
ou l'écurie, et encore faut-il que ces pâturages ne soient
pient le siége d'exhalaisons nuisibles.

Admettons que l'on convertît successivement en terres maraîchères le sol d'une partie de ces communaux,
partie qui sans causer le moindre préjudice aux usu-
fruitiers actuels pourrait s'étendre aux trois quarts au
moins de la surface totale, c'est-à-dire à environ 150
hectares, les ressources qu'on se procurerait ainsi,
sans bourse délier, ne s'éleveraient pas à moins de 8 à
9 cent mille francs, et de plus cette nouvelle destination de nos marais, loin de nuire au fonds, en aurait
en peu de temps plus que doublé la valeur.

150 hectares de ces marais convertis en hortillonnage, procureraient un capital de 8 à 9 cents mille fr.

De plus, la valeur du fonds serait plus que doublée.

En outre cette transformation successive offrirait le
précieux avantage de donner de grands développements à notre culture légumière. La ville fournirait
ainsi du travail à un bien plus grand nombre de bras
et donnerait un nouvel essor à l'activité de nos hor-
tillons dont les nombreux produits procureraient une
nourriture plus abondante et moins chère à tous nos
ouvriers, et trouveraient au besoin un écoulement fa-

De grands dé-veloppements seraient donnés à notre culture maraîchère.

Avantages qui en résulte- raient pour le présent.

cile sur les marchés de la Capitale et de l'Etranger. L'extension qu'acquerrait l'industrie de nos maraîchers serait donc un accroissement de richesse pour le pays, et répondrait à la haute estime que l'on en fait au-dehors. Nous ne pouvons nous dispenser de citer ici l'opinion favorable qu'émettait dernièrement à ce sujet le principal organe de la publicité de France, le Moniteur universel. Dans un article du 8 janvier 1855, il s'exprimait ainsi : « La culture maraîchère est prati-
» tiquée dans le département de la Somme sous le
» nom d'hortillonnage. Les maraîchers cultivent *avec*
» *succès* des légumes dans des marais... Cette cul-
» ture prend chaque jour un plus grand développe-
» ment grâce au concours intelligent de la Société
» d'horticulture d'Amiens, qui fait sans cesse de
» louables efforts afin de l'encourager... La récolte
» des graines et des semences, à laquelle les marai-
» chers apportent un très-grand soin, est une bran-
» che très-importante du commerce de la Somme avec
» la France et l'Etranger, et une source de revenus
» qu'il importe beaucoup de ne pas négliger. *C'est en*
» *signalant les* BEAUX EXEMPLES *qu'on peut les*
» *propager.* »

Cette citation doit affermir dans la conviction qu'on peut, au grand profit de tous, convertir au moins 150 hectares de nos marais en terres d'hortillonnages. En procédant peu à peu à cette opération, et, pour rendre la transition insensible, en n'appliquant cette transfor- mation qu'à une vingtaine d'hectares chaque année, on se procurerait donc, pendant sept ans, la libre dis- ponibilité d'un capital d'au moins 100 000 fr. par an.

L'utilisation de ces marais serait, en outre une source de richesse pour l'avenir.

Après une cinquantaine d'années, la Ville rentre- rait dans l'entière propriété de ses terrains qui, nous l'avons constaté, auraient alors plus que doublé de va- leur. Le fonds seul aurait servi à procurer à la Com-

mune un capital considérable et serait devenu une
nouvelle source de richesse pour l'avenir.

La réunion des diverses ressources que nous venons
d'énumérer permettrait donc, dans un délai assez
rapproché, de construire la totalité de notre Hôtel-de-
Ville.

Récapitulons, en effet, les sommes dont on pourrait disposer.

Dès la première année, nous trouvons :
— Ressources actuellement disponibles   205 000 fr.
— Ressources ordinaires. 200 000
— Indemnités des riverains   Mémoire   „
— Utilisation des marais communaux.   100 000

Ensemble   505 000 fr.

Il suffirait d'un petit nombre d'années pour achever entièrement le nouvel Hôtel-de-Ville.

C'est déjà plus de la moitié de ce que doit coûter
l'Hôtel-de-Ville entier.

Admettons, pour fixer les idées, que l'on voulût
exécuter un projet analogue à celui que nous avons
proposé, c'est-à-dire présentant un corps principal ac-
compagné de deux ailes, l'une de ces ailes coûterait
environ . . . .   325 000 fr.

Il resterait donc à peu près. . . .   175 000 fr.
A quoi ajoutant les. . . . . . .   100 000 fr.
que procurerait l'année suivante l'utilisation de 20
autres hectares de marais, on voit qu'on pourrait, dès
la seconde année, commencer le bâtiment principal
qui serait entièrement soldé la troisième.

Les années suivantes à l'aide des 5 ou 6 cent mille
francs qu'on obtiendrait encore des marais, on cons-
truirait la seconde aile qui terminerait ainsi notre

Hôtel-de-Ville. Il resterait en outre une somme assez ronde pour faire face à l'acquisition d'une partie importante des terrains destinés soit aux constructions neuves, soit à la Place future. Les indemnités pour plus-value des propriétés riveraines de la place nouvelle pourraient également être consacrées à ce dernier usage.

Les premières constructions pourraient être faites sur la Place actuelle de manière à ne troubler aucun service.

La première aile, qui serait bâtie sur la place de la Mairie en dehors de l'édifice actuel, recevrait, dans une partie de ses développements, tous les services aujourd'hui centralisés à l'Hôtel-de-Ville ; ce qui permettrait de convertir très-prochainement en place publique le terrain occupé par le vieux bâtiment et ses accessoires.

Ainsi, dans un avenir peu éloigné, et sans avoir recours à de nouveaux centimes additionnels, ou à une augmentation des taxes de l'Octroi, ou à des ventes d'arbres et à des tourbages exceptionnels, ressources qu'il importe de réserver pour des époques de crises, notre Hôtel municipal serait achevé complètement et notre Place centrale en grande partie formée.

CONCLUSION.

Conclusion.

L'administration municipale a déjà beaucoup fait.

C'est avec une vive satisfaction que je me suis associé à la sympathie générale qu'a excitée parmi nos concitoyens l'initiative prise par l'Administration municipale pour compléter notre Hôtel-de-Ville. Cette initiative mettra, je l'espère, sur la voie d'une amélioration plus large. C'est ainsi que les grandes choses commencent : une circonstance fait naître la pensée d'un besoin à satisfaire ; aussitôt, l'Autorité chargée d'interroger et de diriger l'opinion publique se met à l'œuvre, des perspectives nouvelles apparaissent, et il ne faut plus qu'un faible effort pour faire réaliser un projet qui, dès l'abord, eût dépassé les conceptions les plus hardies.

Grâce à nos Administrateurs, Amiens pense à construire un Hôtel-de-Ville. Faut-il, parce qu'on peut utiliser un vieux bâtiment d'une valeur relative fort bornée, se condamner à n'avoir qu'un édifice en désaccord avec les besoins, la position, la richesse de notre Ville ? — Evidemment non. — Il faut rechercher quel sera le plus digne emploi des dépenses considérables qu'il s'agit de faire ; il faut que par le côté artistique qui répond à l'idée d'embellissement de la Cité, il faut qu'au point de vue de l'utilité matérielle, comme aussi sous le rapport de l'influence morale qu'exerce toujours une grande et belle entreprise, il faut, dis-je, que la construction de l'Hôtel-de-Ville fasse époque pour la gloire d'Amiens. Il faut que le monument soit situé dans la position naturelle qui lui convient, c'est-à-dire qu'il domine une vaste place si nécessaire au milieu d'une grande Ville. Il faut qu'après avoir offert aux regards étonnés des Etrangers notre merveilleuse Cathédrale, nous puissions encore trouver en eux des paroles d'admiration pour notre Palais municipal !

Elle peut mieux faire encore.

Ce but, n'en doutons pas, serait complètement atteint par la **MISE AU CONCOURS DU PROJET.**

Tel est le vœu le plus ardent d'un obscur enfant d'Amiens qui, en soumettant à l'appréciation du Corps municipal et de l'opinion publique le résultat de ses recherches et de ses convictions, a cru remplir le devoir d'un bon citoyen et s'est dit :

> » Fais ce que dois,
> » Advienne que pourra ! »

Édouard PARIS.

APPENDICE.

La Commission, chargée de présenter au Conseil municipal un rapport sur les résultats fournis par l'enquête publique à laquelle avait été soumis le projet du 1er juin 1855, déclarait, par l'organe de son Rapporteur que, si elle n'avait dû se préoccuper du côté financier de la question, elle n'aurait pas hésité à donner la préférence aux contre-projets qui suppriment le bâtiment actuel et établissent la Place en avant de l'édifice. Puis la Commission ajoutait : « *Evidem-* » *ment, on ne pourrait imaginer rien de mieux* » *pour Amiens que la construction d'un semblable* » *Hôtel-de-Ville ;* mais nous nous trouvons devant » une impossibilité réelle d'exécution à raison des » sacrifices énormes qu'il faudrait faire, dès mainte- » nant, pour arriver à un déblaiement aussi complet. » — Le projet que vous avez adopté, sans être aussi » gigantesque que ceux dont nous venons de vous » entretenir, aura l'avantage de satisfaire dans tous » les temps aux nécessités du service municipal, et » vous permettra d'employer en grande partie le pro- » duit de votre emprunt à des constructions conve- » nables et utiles, en laissant à l'avenir le soin de » déblayer à l'Est et au Nord le monument qui, » lorsqu'il sera entièrement isolé, comme nous l'en- » tendons aussi, présentera presque tous les avan- » tages que voudraient lui procurer à si grands frais, » dès aujourd'hui, les auteurs des contre-projets. »

Tels sont les motifs qui, conformément aux conclusions de M. le Rapporteur, ont fait persister le Conseil dans sa résolution primitive.

Mais les détails précédemment développés et appuyés sur des chiffres certains, ont fait voir :

Mais, en réalité et malgré son apparence modeste, le projet de 1853 serait plus dispendieux qu'un projet analogue à ceux fournis par l'enquête.

— Que le projet de 1853 coûtera plus cher que tout autre dans lequel la Place sera établie en avant de l'édifice (voir page 26);

— Que l'impossibilité à raison des sacrifices énormes qu'il faudrait faire, dès maintenant, pour déblayer le terrain, n'est pas réelle, puisque l'aile qu'on propose d'élever aujourd'hui pourrait s'étendre sur la Place depuis la maison de Mme Ve Levasseur, marchande de meubles, jusqu'à l'Hôtel-de-Ville actuel (voir page 40);

— Que loin de satisfaire dans tous les temps aux nécessités administratives de la Commune, le projet municipal sera tout-à-fait insuffisant et s'opposera matériellement à la centralisation des services (voir page 20) ;

Le projet municipal sera d'ailleurs tout-à-fait insuffisant.

Nous avons donc le ferme espoir que le Conseil, d'accord avec ses Commissaires et toutes les personnes qui se sont occupées de la même question, ne balancera pas à reconnaître qu'un Hôtel-de-Ville analogue à ceux proposés par les auteurs des contre-projets, c'est-à-dire avec Place en avant, est *ce qu'on pourrait faire de mieux à Amiens.*

Il devrait donc être abandonné

Au résumé, pour la solution d'une affaire de cette importance, on ne saurait s'entourer de trop de lumières, et le meilleur moyen d'arriver au résultat le plus avantageux possible est, sans contredit, de *mettre le projet au concours.*

Et la question devrait être mise au concours.

Le Conseil a récemment adopté cette mesure pour des travaux bien moins importants.

Espérons qu'il ne voudra pas se déjuger lorsqu'il s'agit pour Amiens d'une affaire capitale.

Nous nous croyons d'autant mieux fondé à émettre cet avis que le Corps municipal lui-même vient d'entrer dans cette voie, en décidant, le 27 janvier dernier, que les trois églises à ériger prochainement à Amiens seront mises au Concours. Cette importante résolution doit donc faire espérer qu'après avoir admis une si sage mesure pour des travaux de 100, de 85 et même de 45 mille francs, le Conseil ne refusera pas de l'adopter pour une entreprise de **PLUSIEURS MILLIONS**, qui doit avoir sur l'avenir de notre Ville une influence d'une *portée incalculable.*

En présence des progrès qui nous débordent de toutes parts, la Ville d'Amiens peut-elle rester stationnaire ?....

Pour nous, nous répondrons à cette question par un nouvel aphorisme qui fera pendant à notre épigraphe :

Ne pas avancer c'est reculer !

Ne pas avancer, c'est reculer !!!!

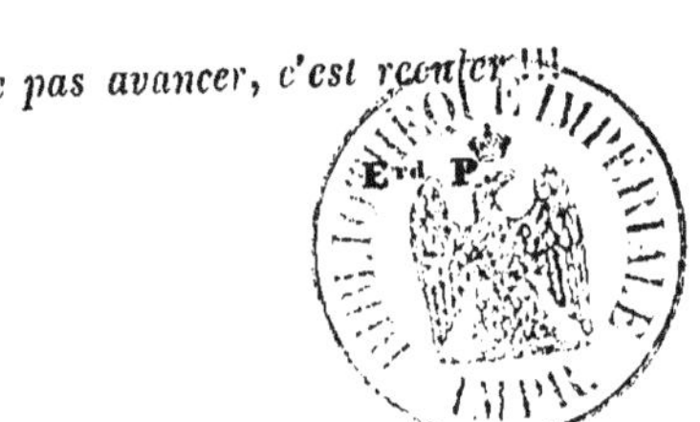